QUERENCIAS

(Haikus taurinos)

A Miguel

al amigo:

ventana amarilla

en los inviernos

Agustín Esteban

A Esteban

al alimón

donde un verso alamar

se ciñe al quite

Miguel Fuentes

Introducción

No es intención ni labor de estos autores hacer aquí una extensa y minuciosa cronología del haiku y sus vericuetos. Sí haremos, a modo de introducción, una somera aproximación, poco académica, a ese fascinante mundo, de una forma simple, tan solo con intención sugerente.

Podríamos considerar que el haiku nace de una estructura poética popular, en clave burlona, llamada *Renga* (que significa canción o poema encadenado). El *Renga* consta de una serie de *tankas* que, compuestos por varios poetas en un ambiente festivo y distendido, en forma de competición, si se quiere, van conformando la canción en su conjunto. (Hoy podríamos encontrar, en nuestro propio país, claras referencias al *Renga*: por ejemplo en los trovos de La Unión (Murcia) y otras manifestaciones similares en toda la geografía española). En esta obra múltiple, el *hokku* tenía una importancia relevante pues era el verso que daba pie y tema a todos los demás poetas para llegar a componer el *Renga*. Esta primera estrofa empezó a cobrar, poco a poco, independencia y entidad y ya, en sucesivas antologías, se fueron creando secciones dedicadas exclusivamente al *hokku*. El último paso al haiku, tal y como hoy lo conocemos, hay que buscarlo en el *hakai* (al que se considera sinónimo de haiku), que consistió en un giro innovador, dado por ciertos poetas jóvenes del siglo XV, al *Renga*, al que consideraban formalmente rígido. Matsuo Bashó, en el siglo XVI, dotará, definitivamente, al haiku de la libertad temática y expresiva, del lenguaje llano y de su connotación budista.

Existe en el mercado, al alcance de cualquier curioso o estudioso, amplia bibliografía sobre el tema por lo que no nos extenderemos más en la cuestión histórica.

Nos interesa más, en este momento, hacer alguna reflexión sobre el alcance y contenido del haiku, sobre su estructura, su lenguaje y la propia escuela que lo envuelve.

El haiku clásico amplía la realidad del lenguaje y la cultura que le da soporte para situarse en el ámbito de lo pre-simbólico, casi místico. En el caso de la cultura japonesa podríamos, sin miedo, hablar de que el haiku entronca con la filosofía Zen que, como sabemos, es una expresión más de la forma budista de entender la religión. Si hiciéramos una extrapolación de este concepto en la cultura y religión judeocristianas nos encontraríamos con Platón.

El lenguaje occidental no es otra cosa que la representación simbólica de una realidad más profunda: un formulismo, una estructura comúnmente acepada para, mediante unos grafismos determinados, intentar definir una realidad que, de otro modo, se nos escaparía. No sucede así en el caso de las escrituras orientales donde la palabra no acota el contenido, sino que sus ideogramas conceptuales estarían más cerca de los terrenos de lo pre-simbólico. En función de lo expresado podría concluirse que el haiku es un símbolo de una visión intuitiva de la realidad: la liberación de los límites del lenguaje. Salvador Pániker en su "Aproximación al origen" manifiesta: *"El hombre es un animal enajenado, víctima del simbolismo de su lenguaje"*

A estos autores nos pareció que unir dos lenguajes, el haiku y el toreo, de estructuras tan similares a la vez que distantes podría ser una experiencia, como poco, cautivadora. Y así ha sido.

El haiku, como ya se ha dicho, conforma una estructura poética que va más allá de lo que las propias palabras que lo forman definen, podríamos decir que es la metáfora total, universal y cautivadora, profunda. El toreo, en el lenguaje que le es propio, hace lo mismo. Unos gestos, un entorno en su redondez, una figura humana, un vestido, un animal mitológico, un ritual lleno de sacralidad y paganismo conforman un lenguaje que va mucho más lejos que lo que la realidad presenta: la metáfora. El lenguaje del torero nos retrotrae a los ancestros, a la lucha, a la poética del héroe y a los valores universales que el inconsciente colectivo del mundo hispano identifica como propios: el valor, la dignidad, el honor. La muerte que, de una manera explícita, se produce en una plaza de toros también forma parte de esa cultura que nos es tan propia. No podemos dejar pasar unas palabras del poeta que, en su conferencia sobre *"Teoría y juego del duende"*, pronuncia en el Madrid de 1933 Federico García Lorca: *"En todos los países la muerte es un fin. Llega y se corren las cortinas. En España, no. En España se levantan. Muchas gentes viven allí, entre muros, hasta el día en que mueren y los sacan al sol. Un muerto en España está más vivo como muerto que en ningún sitio del mundo: hiere su perfil como el filo de una navaja barbera. El chiste sobre la muerte y su contemplación silenciosa son familiares a los españoles. Desde El sueño de las calaveras, de Quevedo, hasta el Obispo podrido, de Valdés Leal.*

Escribir un haiku, encerrar en diecisiete sílabas la pasión parece, como mínimo, un anacronismo estético. Pero nada más lejos de la realidad. El haiku concentra todo aquello que rezuma, mucho más que lo dicho y lo no dicho, la esencia del perfume que se derramará por toda la estancia al abrir el pequeño frasquito; es la pequeña hueva de esturión que al explotar en la boca inunda los sentidos de ensoñaciones marinas, el guiño cómplice del anciano que al cerrar su ojo te abre la biblioteca de sus andanzas. No, no es una estupidez verbal concentrar infinitos en instantes. Los matices, el deleite de las experiencias intensas no necesita más allá de tres versos que, estructurados con cinco, siete y cinco sílabas respectivamente, generan una sonoridad no rimada inigualable.

El haiku, como casi toda la literatura, no condena -sino al contrario- entre las paredes de su escaso contenido los perfiles de un continente inexplorado.

Unir haiku y toreo, dos expresiones artísticas que se unen en lo místico, en lo pre simbólico, en la metáfora que traspasa el lenguaje poético para enraizar en la cultura de un pueblo, nos parecía un ejercicio digno de ser llevado a cabo pese al riesgo que representaba por la alta dignidad de ambas manifestaciones. Unidas en el claroscuro de la metáfora ambas formas encierran un lenguaje del instante, de lo eterno.

Mucho se ha escrito sobre toros, sobre esa fiesta hispana que nos enseña cómo nacer con fuerza, como vivir con sangre pero con casta y cómo morir con dignidad, por lo que no creemos que estemos aportando una quintaesencia inesperada fuera de todo lo bien dicho por tantos filósofos, poetas, maestros relevantes o críticos. Tan sólo hemos pretendido aportar nuestra particular forma de entender que el torero y el haiku son un beso cálido a la cultura.

Estos versos que les presentamos en un momento fueron nuestros, ahora ya son, definitivamente, suyos. Fueron nuestros porque aquella tarde de Sevilla hacía calor y aquella verónica estaba vestida de espanto. Ahora son suyos porque los reescribirán y los vivirán cada uno de ustedes: su plaza será Madrid o Granada y estará nublado, el traje de luces será malva y oro y el natural de su torero predilecto dejará ridículos nuestros versos. Nosotros jamás imaginamos que una paloma sobrevolara la plaza al entrar a matar y usted sí. Desde ese momento ya son suyos.

M. Fuentes / A. Esteban

TERCIO PRIMERO: MITOLOGÍA

1.- polvo y dos cuerpos bravos

titanomaquia
polvo y dos cuerpos bravos
ofician magia.

mitra y espanto
entre sombras de tiempo
la fiel muerte

como la vida
tres círculos flamean
sol agua y luna

4.- piedra puya y redondel

desde que naces
piedra puya y redondel
ya no hay salida

5.- *puya engaño seda y luz*

castigo y gracia
puya engaño seda y luz
sacro misterio

6.- abrazo sempiterno

hombre y bestia
abrazo sempiterno
rito y leyenda

en la corrida
siglos de piedra y sangre
mito del uro

coso de muerte
el antropos del alma
mediterránea

un negro tauro
en mitráico sacrificio
sangran pléyades

10.- lid eros y tánatos

duelo de furias
lid eros y tánatos
renacimiento

ensabanado
Zeus mítico de arena
dios en el coso

12.- gaudeamus gladiator

gloria a los muertos
gaudeamus gladiator
gimen los siglos

cita y ritual

exorcista de luces

noble satanás

14.- entre polvo de gloria

acorralados
entre polvo de gloria
y el fiel destino

cósmica danza
con caracolas rojas
y pie cretense

SEGUNDO TERCIO: LANCES Y TERCIOS

Eolo embiste
vela blanca muleta
azul albero

2.- arte sin alamares

coso de luna
arte sin alamares
noche con toro

3.-en el aire rúbricas

firman las astas
en el aire rúbricas
de duelo mortal

4.- toro volatinero

tendido 7
toro volatinero
por chicuelinas

5.- castoreña figura

con la garrocha
castoreña figura
caballo ciego

vara y puya
brota una espuma roja
en la brava ola

alguacilillo
caballo y despejo
ya el paseíllo

madera y hierro
aguijones en danza
tercio segundo

en epíclesis

pagano sacrificio

cae la montera

10.- *la verdad del engaño*

el trapo lento
la verdad del engaño
por naturales

sin resabio va
prendido en el vuelo
de la muleta

12.- *adorno de sarcillo*

rehiletero
adorno de sarcillo
a un salinero

13.- albero sin boscaje

cárdeno listón
albero sin boscaje
frente de luna

14.- un cartel seis toros seis

cinco en punto

un cartel seis toros seis

y tres toreros

15.- la verdad del encuentro

férreo el pulso
la verdad al encuentro
y dos lágrimas

16.- *es Amparito Roca*

copla torera
es Amparito Roca
mantilla y oro

dejadme solo
silencio dejadme solo
tarde de toros

beca en la cruz
el zahareño llagado
y adarga roja

19.- a un trapo y a mi miedo

frágil defensa
a un trapo y a mi miedo
le llaman valor

20.- *hermoso como noches*

sale al coso
hermoso como noches
negro y luna

21.- lance por verónicas

como la soleá
lance por verónicas
duende y quejío

22.- la profunda muleta

por seguiriyas
la profunda muleta
réquiem de luna

alternativa
la sangre bautismal
un sacramento

24.- *arena del arenal*

torre del oro
arena del arenal
ruedo de sol

25.- prieta la taleguilla

la media rosa
prieta la taleguilla
y faja salmón

de tinta negra
pinta sierpes de aire
por la cintura

27.- de torero y oro

seda valiente
de torero y oro
tres espadas van

cita de lejos
centellas verticales
quiebro y clamor

29.- en silente plegaria

suerte suprema
en silente plegaria
muerte precisa

30.- con negra sed de sangre

lirico luto
con negra sed de sangre
réquiem sin coros

sigue el albeo

traspasado el rojo

pase de pecho

32.- doxología pagana

cerrando plaza
doxología pagana
encuentro final

33.- añoranza de jaras

en amarillo
añoranza de jaras
y de caporal

34.- en parábola mortal

brillo azófar
en parábola mortal
ya es historia

puntilla firma
en testuz negro yunque
sentencia final

36.- con mirada al tendido

un estatuario
con mirada al tendido
toro al trapo

fulgidos brillos
y solera de bronce
juego de muerte

solo un grito
afilado y mortal
sin mar de sangre

39.- colecciono mis muertes

en taleguilla
colecciono mis muertes
todas las tardes

en lienzo rojo
pinta faz de bravura
la verónica

41.- beso de amapola

cada natural
beso de amapola
en negra sombra

astas flotando
dibujan arabescos de
muerte o gloria

43.- mulillas jaezadas

tintineantes
mulillas jaezadas
cárcava huella

44.- *ceñida la cintura*

bandera roja
ceñida la cintura
en molinete

45.- rompeolas de bravura

porta gayola
rompeolas de bravura
traza la brega

peón de plata
alfil imprescindible
el subalterno

47.- la suerte o la muerte ay

redondo ruedo

la suerte o la muerte ay

tarde tras tarde

48.- la muleta repliega

con venia juncal
la muleta repliega
perfil de bronce

roja pleamar
los caireles florecen
de tibia rosa

50.- en pétalo de gloria

espinas negras
en pétalo de gloria
flores y duendes

la proa fija
con primitivo instinto
en mar de seda

52.- sentencia la cruceta

dobla la cerviz
sentencia la cruceta
cruza el estigia

53.- muleta sangre y sangre

con dos heridas
muleta sangre y sangre
enamoradas

noche furtiva
escarcha sin oropel
gloria a la luna

55.- néctar de vida y muerte

contra la vara
néctar de vida y muerte
pinta tu espalda

56.- atrio de luz y bronce

sacro paisaje
atrio de luz y bronce
brisa de cinco

muecín sonoro
un clarín ordena
solemnidad

truena el albar
mutis en el palenque
toro en el coso

59.- placenta polvo y toro

por los toriles
placenta polvo y toro
soplo de vida

porta gayola
reclinatorio y metal
arrebolado

ole torero

granito tiempo y compás

por naturales

62.- cariátide pagana

en el redondel
cariátide pagana
hay un torero

63.- caballo vara y limón

tendido en desdén
caballo vara y limón
burel entrando

64.- en solferino paño

frente humillada
en solferino paño
puntilla final

65.- candil de vida y muerte

las cinco en punto
candil de vida y muerte
trémula llama

el astifino
vistió de luces malva
las oraciones

negro júbilo
trapío casta valor
ego te absolvo

en el redondel
lidia de las verdades
ay la soledad

multicolores
clarines fuego y seda
pintan la tarde

70.- aura primaveral

floridas astas
aura primaveral
nacen las malvas

71.- estrellas / y mi mano

dibuja el toro
estrellas/ y mi mano
letras de sangre

72.- sabe que siempre aprende

el buen maestro
sabe que siempre aprende
del viejo astado

73.- *del amor y la sangre*

*epitalamio
del amor y la sangre
en el festejo*

74.- brillan luces / y sombras

en los tendidos
brillan luces/ y sombras
ay de la parca

frente en el laurel
con cintura de viento
pasa la muerte

danza de muerte
cita encuentro y beso
baile de vida

oles de sangre
entre polvo de albero
el viento lleva

danza maldito

que en tus paños enjuagas

nuestras lágrimas

79.- *torero / amor y muerte*

bailas desnudo
torero/ amor y muerte
de tus desgarros

80.- en centauro y la ninfa

seduces y amas
el centauro y la ninfa
y un pasodoble

81.- agua de plata y roble

entre dos luces
agua de plata y roble
brama una sombra

torero tus pies

sienten arena y siglos

plantaos de muerte

83.- lágrimas de un mar negro

lloran tus manos
lágrimas de un mar negro
entre amarillos

84.- cara a cara en el paño

la verónica
cara a cara en el paño
un cristo negro

coso sin hálito
sopló la guadaña ay
tiempo suspenso

86.- celestial ascensión

puerta de gloria
celestial ascensión
olimpo sino

un doncel negro
y una canéfora luz
desfloran soles

compas de pases
en titanomaquia lid
clavel y acero

luna cubista
sacro tótem de iberia
pinta Picasso

astas y estoque
brillaron las espadas
pañuelos blancos

TERCIO TERCERO: A JOSÉ TOMÁS

---

a José Tomás
nazareno y oro
en danza mortal

astas encienden
lumbres de alamares
oles por Tomás

briosa espantá
en ceniciento fénix
ha renacido

4.- duende de mármol y sal

clarín silencio
duende de mármol y sal
Tomás torea

5.- de toros enamorados

pinta retablos
de toros enamorados
don José Tomás

nardo de luces
Tomás viste bravuras
del noble animal

Tomás tú esculpes

rompiendo sacras sombras

pietás con toro

Tomás Tomás es
tu bailarina quietud
la que danzamos

9.- taumatúrgicos sueños

cumple tu mano
taumatúrgicos sueños
entre la arena

10.- *tus verónicas hieren*

dioses te guarden
tus verónicas hieren
las falsas caras

entre melaza
y aguardiente de copla
bailas mil danzas

12.- Goya hubiera pintado

a tus firmes pies
Goya hubiera pintado
manoletinas

13.- en tálamo de arena

desposas gracia
en tálamo de arena
con bravo Febo

14.- con hilos grana y oro

mueves sueños blues
con hilos grana y oro
titiritero

desde la tierra
alzas a las alturas
cintura y manos

16.- a una tarde cualquiera

Tomás embriagas
a una tarde cualquiera
con tu figura

en tauroctonia
Zeus se rinde a Tomás
oles de Europa

llave del arte
la que abrió Costillares
y cierra Tomás

un minotauro
en coso sin laberinto
José Teseo

Paquiro te ve
Chiclanero te escucha
en tu catedral

21.- frente a casta y valor

redentor y carnal
frente a casa y valor
noble indulgencia

22.- telúrico atemporal

Tomás maestro
telúrico atemporal
como un arcángel

275

23.- elegancia de junco

pausada tela
elegancia de junco
con doctitud

24.- *en las fraguas del arte*

noche hierro y agua
en las fraguas del arte
tú forjas duende

José en la plaza
entre arena y astros
un pantorero

www.ingramcontent.com/pod-product-compliance
Lightning Source LLC
Chambersburg PA
CBHW030937150426

42812CB00064B/2957/J